語《ご》感《かん》をみがこう

見《み》て・くらべて

オノマトペ！

さんさん・かんかん

自《し》然《ぜん》のことば

ほるぷ出版

「オノマトペ」ってなに?

~「感《かん》じ」をもっと伝《つた》える言葉《ことば》~

「オノマトペ」とは、ドアをたたく音《おと》「コンコン」やネコの鳴《な》き声《ごえ》「ニャー」のような、ものの音《おと》や動物《どうぶつ》の鳴《な》き声《ごえ》を人間《にんげん》の声《こえ》であらわした言葉《ことば》(擬音語《ぎおんご》または擬声語《ぎせいご》)と、よどみなくしゃべるようす「ぺらぺら」やひどくおどろいた感《かん》じ「ぎょっ」のような、もののようすや人《ひと》の気持《きも》ちを、音《おと》そのもののもつ感《かん》じによってあらわした言葉《ことば》(擬態語《ぎたいご》)のふたつをあわせた言葉《ことば》です。

オノマトペを使《つか》うと、表現《ひょうげん》がとても生《い》き生《い》きとしたものになります。たとえば、試合《しあい》のようすを書《か》いた作文《さくぶん》で「勝利《しょうり》が近《ちか》づいてきたと感《かん》じた」というところを、「勝利《しょうり》がぐっと近《ちか》づいてきたと感《かん》じた」としたらどうでしょう。「ぐっ」というオノマトペがあることで、その場《ば》にいるような臨場感《りんじょうかん》が伝《つた》わります。さらに「勝利《しょうり》をぐっと引《ひ》き寄《よ》せた感《かん》じがした」だと、あなたの実感《じっかん》がさらに伝《つた》わって、読《よ》む方《ほう》も思《おも》わず引《ひ》きこまれることでしょう。

こんなふうに、オノマトペには、表現《ひょうげん》を生《い》き生《い》きとさせ、人《ひと》の心《こころ》を「ぐっ」とわしづかみにしてしまう魅力《みりょく》があります。オノマトペは、気《き》づいてみるとわたしたちの周囲《しゅうい》に満《み》ち満《み》ちています。このオノマトペについて、ときに立《た》ち止《ど》まって、その言葉《ことば》のもつくわしい意味《いみ》を考《かんが》えたり、ちょっと音《おと》を変《か》えてくらべてみたり(たとえば、「ぎょっ」と「げっ」では、印象《いんしょう》はどのようにちがうでしょうか?)、似《に》た意味《いみ》のものを並《なら》べてちがいを考《かんが》えたりすれば、オノマトペに対《たい》する感覚《かんかく》だけでなく、広《ひろ》く言葉《ことば》に対《たい》する感覚《かんかく》をみがいていくことができるでしょう。

監修《かんしゅう》 小野正弘《おのまさひろ》
(明治大学文学部教授《めいじだいがくぶんがくぶきょうじゅ》)

もくじ

マークの説明《せつめい》

使《つか》ってみよう
そのオノマトペを使《つか》った作《さく》文《ぶん》や、会話《かいわ》の例《れい》を紹介《しょうかい》しています。

ここにあるよ！
文学作品《ぶんがくさくひん》の中《なか》で、そのオノマトペが使《つか》われている部分《ぶぶん》をぬき出《だ》して紹介《しょうかい》しています。

こうしてできた！
そのオノマトペが生《う》まれた背景《はいけい》、成《な》り立《た》ちを説明《せつめい》しています。

さがしてみよう！

身近《みぢか》にあるオノマトペ

天気《てんき》や温度《おんど》など、自然《しぜん》のようすをあらわすときにも、オノマトペはよく使《つか》われます。こんな言葉《ことば》を使《つか》って、自然《しぜん》の中《なか》で感《かん》じたこと、経《けい》験《けん》したことを、だれかに伝《つた》えてみませんか？

ぽかぽか
「天気《てんき》」オノマトペは6ページ～
どっさり
「多《おお》さ」オノマトペは30ページ～
ひんやり
「温度《おんど》」オノマトペは15ページ～
ちょっぴり
「少《すく》なさ」オノマトペは35ページ～
びしょびしょ
「水《みず》」オノマトペは18ページ～

でこぼこ
「火《ひ》・土《つち》」オノマトペは22ページ〜
ゆっくり
「おそさ」オノマトペは40ページ〜
ふわふわ
「やわらかさ」オノマトペは25ページ〜
ぼーぼー
「火《ひ》・土《つち》」オノマトペは22ページ〜
さっさっ
「はやさ」オノマトペは37ページ〜
かちかち
「かたさ」オノマトペは27ページ〜

この他《ほか》にも、自然《しぜん》のようすや、もののていどをあらわすオノマトペを、次《つぎ》のページからたくさん紹介《しょうかい》していきます。ぜひ使《つか》ってみてください！

さんさん

意《い》味《み》

日光《にっこう》などがまぶしいくらいに明《あか》るく光《ひか》りかがやいているようす。色《いろ》あざやかで美《うつく》しいようす。漢字《かんじ》では「燦燦《さんさん》」「粲粲《さんさん》」などと書《か》く。

使《つか》ってみよう

太陽《たいよう》がさんさんとかがやく海《うみ》で、ぼくたちは思《おも》いきり遊《あそ》んだ。でも、お母《かあ》さんだけはずっと日《ひ》陰《かげ》にいた。

似《に》た意味《いみ》のオノマトペ

日差《ひざ》しが
ちょうどいいときは……

うらうら

意《い》味《み》

春《はる》の日差《ひざ》しが明《あか》るくおだやかに照《て》っていて、あたたかく気《き》持《も》ちのよいようす。

ここにあるよ！

『うらうらと晴《は》れて、まったく少《すこ》しも風《かぜ》の無《な》い春《はる》の日《ひ》に、それでも、桜《さくら》の花《はな》が花《はな》自《じ》身《しん》の重《おも》さに堪《た》えかねるのか、おのずから、ざっとこぼれるように散《ち》って、小《ちい》さい花《はな》吹《ふ》雪《ぶき》を現出《げんしゅつ》させる事《こと》がある。』

「散華《さんげ》」太宰治《だざいおさむ》

かんかん

意《い》味《み》

真《ま》夏《なつ》の太《たい》陽《よう》が強《つよ》く照《て》りつけて、表《ひょう》面《めん》がかわき、熱《ねつ》をもつほど、とても暑《あつ》いようす。

【別《べつ》の意《い》味《み》】金《きん》属《ぞく》など、かたいものがぶつかるときの音《おと》。または、激《はげ》しくおこるようす。

使《つか》い方《かた》 ついに、先《せん》生《せい》はかんかんにおこった。

使《つか》ってみよう

今日《きょう》はかんかん照《で》りの暑《あつ》い日《ひ》だった。友《とも》だちと食《た》べようと思《おも》って、ずっとリュックに入《い》れていたチョコレートがとけてしまった。

似《に》た意《い》味《み》のオノマトペ

日《ひ》差《ざ》しがより強烈《きょうれつ》なら……

ぎらぎら

意《い》味《み》

日光《にっこう》などが、どぎついほど強《つよ》く光《ひか》りかがやくようす。そのようすに圧倒《あっとう》される気持《きも》ちがあらわれる。

使《つか》ってみよう

図書館《としょかん》へ行《い》って勉強《べんきょう》するぞ、と思《おも》ったけれど、一歩《いっぽ》外《そと》へ出《で》ると、太陽《たいよう》がぎらぎら照《て》りつけていたので、行《い》くのをやめた。

ざんざん

意《い》味《み》

雨《あめ》が、長《なが》い時間《じかん》、強《つよ》く激《はげ》しく大量《たいりょう》に降《ふ》り続《つづ》くようす。

ここにあるよ！

『あくる日《ひ》は日曜日《にちようび》の雨《あめ》、裏《うら》の森《もり》にざんざん降《ふ》って、時雄《ときお》のためには一倍《いちばい》に侘《わび》しい。欅《けやき》の古樹《こじゅ》に降《ふ》りかかる雨《あめ》の脚《あし》、それが実《じつ》に長《なが》く、限《かぎ》りない空《そら》から限《かぎ》りなく降《ふ》っているとしか思《おも》われない。』

「蒲団《ふとん》」田山花袋《たやまかたい》

似《に》た意味《いみ》のオノマトペ

もっと強《つよ》い雨《あめ》のときは……

どしゃどしゃ

意《い》味《み》

大量《たいりょう》の雨《あめ》が、たたきつけるように強《つよ》く激《はげ》しく降《ふ》り続《つづ》く音《おと》。また、そのときのようす。

使《つか》ってみよう

朝《あさ》、雨《あめ》の音《おと》で目《め》が覚《さ》めた。昨日《きのう》までの晴《は》れがうそのように、どしゃどしゃと雨《あめ》が降《ふ》っている。

どんより

意《い》味《み》

今《いま》にも雨《あめ》が降《ふ》りそうなくらいに、空一面《そらいちめん》に雲《くも》が広《ひろ》がっていて、うす暗《ぐら》く、重苦《おもくる》しく感《かん》じられるようす。不快《ふかい》さや不気味《ぶきみ》さがあらわれる。

【別《べつ》の意味《いみ》】元気《げんき》のない表情《ひょうじょう》やようす。空気《くうき》や水《みず》がにごって、動《うご》きのないようす。

使《つか》い方《かた》 田中君《たなかくん》が、どんよりした顔《かお》つきで教室《きょうしつ》に入《はい》ってきた。

使《つか》ってみよう

月曜日《げつようび》の空《そら》はどんよりとくもっていて、まるでぼくの気分《きぶん》をあらわしているみたいだった。

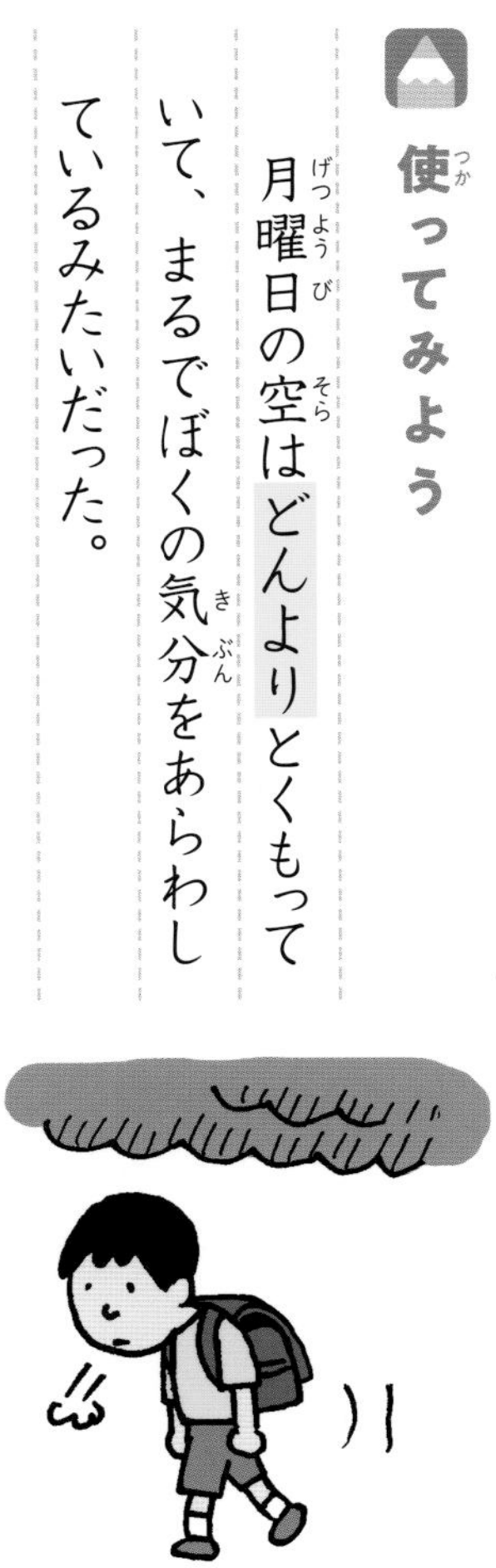

似《に》た意味《いみ》のオノマトペ

まわりがよく見《み》えないときは……

もやもや

意《い》味《み》

けむりや湯気《ゆげ》、きりなどが辺《あた》り一面《いちめん》に広《ひろ》がって、景色《けしき》がぼやけ、見通《みとお》しがよくないようす。

【別《べつ》の意味《いみ》】ものごとや考《かんが》えがはっきりしないようす。気分《きぶん》が晴《は》れないようす。

使《つか》い方《かた》 長《なが》い間《あいだ》もやもやとなやんでいた問題《もんだい》が、ようやく解決《かいけつ》した。

使《つか》ってみよう

朝《あさ》の高原《こうげん》は、もやもやときりがかかっていて、不思議《ふしぎ》な世界《せかい》にまよいこんだみたいだった。

じとじと

意《い》味《み》

空間《くうかん》全体《ぜんたい》にひどくしめり気《け》があり、体《からだ》にねばりつく感《かん》じがして不快《ふかい》なようす。

ここにあるよ！

『「雨《あめ》のようね」と嫂《あによめ》が聞《き》いた。
「ええ」
自分《じぶん》は半《なか》ば風《かぜ》に吹《ふ》き寄《よ》せられた厚《あつ》い窓掛《まどかけ》※の、じとじとに湿《しめ》ったのを片方《かたほう》へがらりと引《ひ》いた。途端《とたん》に母《はは》の寝返《ねがえ》りを打《う》つ音《おと》が聞《き》こえた。』

「行人《こうじん》」夏目漱石《なつめそうせき》

※窓掛《まどかけ》…窓《まど》にかける布《ぬの》。カーテン。

似《に》た意味《いみ》のオノマトペ

一部分《いちぶぶん》だけがひどく
しめっているときは……

じっとり

意《い》味《み》

ある部分《ぶぶん》にひどくしめり気《け》があって、不快《ふかい》なようす。気持《きも》ち悪《わる》くあせばむようす。

使《つか》ってみよう

巨大《きょだい》なにんじんに追《お》いかけられる夢《ゆめ》を見《み》て目《め》が覚《さ》めた。布団《ふとん》があせでじっとりとぬれていた。

はらはら

意《い》味《み》

雪《ゆき》や雨《あめ》などの小《ちい》さいつぶの形《かたち》をしたものや、花《はな》びらなどのうすくて軽《かる》いものが、散《ち》らばりながら落《お》ちる音《おと》。また、そのようす。はかなさがあらわれる。

【別《べつ》の意味《いみ》】どうなることかと心配《しんぱい》したり、危《あぶ》ないと思《おも》ったりするようす。

使《つか》い方《かた》 サーカスのつなわたりを、はらはらしながら見《み》る。

使《つか》ってみよう

休《やす》み時間《じかん》にみんなで外《そと》に出《で》たら、雨《あめ》がはらはらと降《ふ》りだした。しかたなく教室《きょうしつ》にもどったら、もう雨《あめ》はやんでいた。

似《に》た意味《いみ》のオノマトペ

もっとまばらなときは……

ちらほら

意《い》味《み》

雪《ゆき》などの小《ちい》さいものが、散《ち》らばって、少《すこ》しずつ間《あいだ》をあけて落《お》ちてくるようす。

使《つか》ってみよう

買《か》い物《もの》からの帰《かえ》り道《みち》、ちらほらと雪《ゆき》が降《ふ》ってきた。ぼくは、「もっと降《ふ》れ、雪《ゆき》だるまが作《つく》れるくらいに！」と願《ねが》いながら帰《かえ》った。

さわさわ

意味《いみ》

風《かぜ》がふき、草《くさ》や木《こ》の葉《は》などに当《あ》たってわずかにゆれるときの、軽《かる》くてこまやかな音《おと》。また、そのときのようす。

使《つか》ってみよう

川原《かわら》を散歩《さんぽ》していたら、すすきがさわさわとゆれていた。それを見《み》て、わたしは月見団子《つきみだんご》が食《た》べたくなった。

似《に》た意味《いみ》のオノマトペ

よりこまやかで美《うつく》しいのは……

さやさや

意《い》味《み》

風《かぜ》がふき、草《くさ》や木《こ》の葉《は》がゆれてわずかにふれあったときの、かすかな音《おと》。また、そのときのようす。こまやかな美《うつく》しさがあらわれる。

ここにあるよ！

『そのうちに、日《ひ》が暮《く》れかかった。木々《きぎ》のこずえが、さやさやと鳴《な》りはじめて、空《そら》の色《いろ》は、青黒《あおぐろ》く見《み》え、燈火《ともしび》の光《ひかり》がきらめき、草《くさ》の葉《は》や、木《き》のこずえに反射《はんしゃ》しているのが見《み》られたのです。』

「公園《こうえん》の花《はな》と毒蛾《どくが》」小川未明《おがわみめい》

ごーっ

意《い》味《み》

強《つよ》い風《かぜ》がふいたときなどに一瞬《いっしゅん》大《おお》きく激《はげ》しく鳴《な》りひびく、重《おも》くて低《ひく》い音《おと》。他《ほか》に、電《でん》車《しゃ》や飛《ひ》行《こう》機《き》が立《た》てる音《おと》にも使《つか》う。

使《つか》ってみよう

「昨日《きのう》、すごいことがあってさ！」と、亮君《りょうくん》が話《はな》し始《はじ》めたけれど、大《おお》きな飛《ひ》行《こう》機《き》がごーっと音《おと》を立《た》てて空《そら》を飛《と》んで行《い》ったので、亮君《りょうくん》の声《こえ》はよく聞《き》こえなかった。

似《に》た意《い》味《み》のオノマトペ

スピード感《かん》があるのは……

びゅー

意《い》味《み》

強《つよ》い風《かぜ》がとても速《はや》いスピードでふきぬけたり、ものが勢《いきお》いよく空《くう》気《き》を切《き》って動《うご》く音《おと》。また、そのときのようす。

使《つか》ってみよう

特《とっ》急《きゅう》列《れっ》車《しゃ》が通《つう》過《か》して、ホームにびゅーっと風《かぜ》がふいた。わたしは思《おも》わず、かぶっていたぼうしをしっかりとおさえた。

くらべてみると①

よりいやな感《かん》じがするのは、どっち？？

「**じとじと**（10ページ）」は、ひどく湿気《しっけ》があって不快《ふかい》なようすをあらわすオノマトペで、「梅雨《つゆ》の時期《じき》は毎日《まいにち》**じとじと**していやになる」などというふうに使《つか》います。それと似《に》た意味《いみ》のオノマトペに「**じめじめ**」があり、こちらも、まったく同《おな》じ文《ぶん》の中《なか》で「梅雨《つゆ》の時期《じき》は毎日《まいにち》**じめじめ**していやになる」のように使《つか》うことができます。では、この「**じとじと**」と「**じめじめ**」、よりいやな感《かん》じがするのはどちらでしょうか？　それぞれの言葉《ことば》がもつ「いやな感《かん》じ」の正体《しょうたい》をさぐってみましょう。

「**じとじと**」は、空間《くうかん》にひどくしめり気《け》があるようすをあらわす以外《いがい》に、「あせをたくさんかいて、シャツが**じとじと**している」という使《つか》い方《かた》もできます。この表現《ひょうげん》からは、シャツが水分《すいぶん》をふくんで重《おも》くなっているようすや、シャツがねばっこく体《からだ》にまとわりつくようすがイメージされます。

一方《いっぽう》「**じめじめ**」は、「**じめじめ**した暗《くら》い話《はなし》」「**じめじめ**した性格《せいかく》だ」などのように、湿気《しっけ》とは直接関係《ちょくせつかんけい》のない、「暗《くら》くて活気《かっき》がない」という意味《いみ》でも使《つか》うことができます。これを「じとじとした暗《くら》い話《はなし》」「じとじとした性格《せいかく》だ」と言《い》いかえてみると、あまりしっくりきません。

こんなふうに、いろいろな使《つか》い方《かた》を考《かんが》えていくと、「**じとじと**」の「いやな感《かん》じ」には「重《おも》さやねばっこさ」の感覚《かんかく》があり、「**じめじめ**」の「いやな感《かん》じ」には「暗《くら》さや活気《かっき》のなさ」の感覚《かんかく》があると言《い》えます。そして、どちらがよりいやな感《かん》じかと考《かんが》えると、**体《からだ》に直接《ちょくせつ》まとわりつく「重《おも》さやねばっこさ」がある分《ぶん》、「じとじと」の方《ほう》がいやな感《かん》じは強《つよ》い**でしょう。

ほんわか

意《い》味《み》

温度《おんど》や雰囲気《ふんいき》がほどよくあたたかくて、気持《きも》ちのよいようす。緊張感《きんちょうかん》がなく、安心《あんしん》する気持《きも》ちや幸《しあわ》せな気持《きも》ちがあらわれる。

使《つか》ってみよう

ちょっとこわそうなお兄《にい》さんが、のらネコに優《やさ》しく話《はな》しかけているのを見《み》て、心《こころ》がほんわかとあたたかくなった。

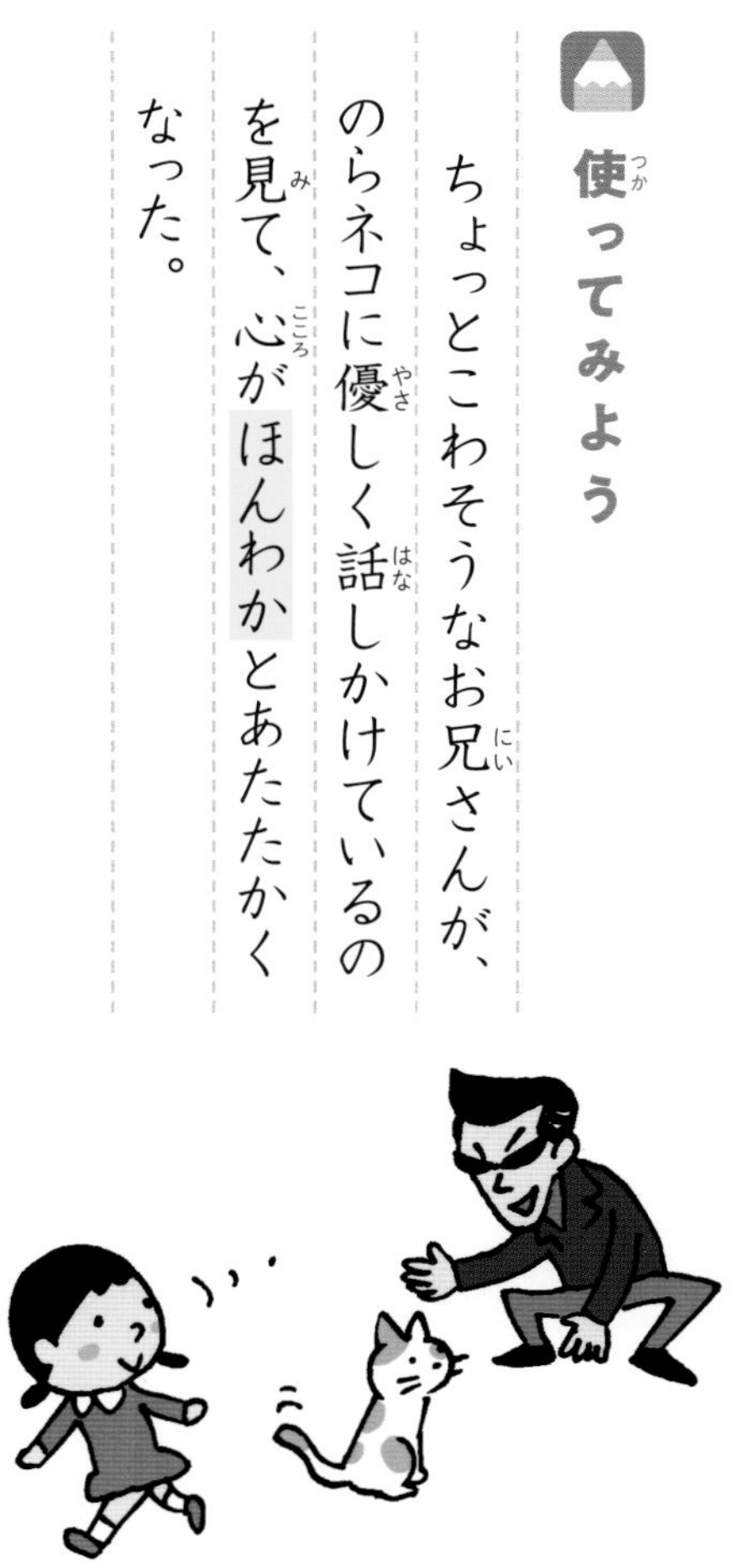

似《に》た意《い》味《み》のオノマトペ

体《からだ》があたたかいときは……

ぬくぬく

意《い》味《み》

布団《ふとん》の中《なか》や日《ひ》の当《あ》たる場所《ばしょ》などにいて、ほどよいあたたかさを体《からだ》に感《かん》じ、ねむくなりそうなほど気持《きも》ちがよいようす。

ここにあるよ！

『おやつがすんで、僕《ぼく》たちはまた畑《はたけ》をしました。チョコ※はぬくぬくと畑《はたけ》のそばで日向《ひなた》ぼっこをしています。』

「お父《とう》さん」林芙美子《はやしふみこ》

※チョコ…犬《いぬ》の名前《なまえ》。

りん

意《い》味《み》

気《き》持《も》ちが引《ひ》きしまるくらい、寒《さむ》さが厳《きび》しいようす。

【別《べつ》の意《い》味《み》】①すずやベルの鳴《な》る音《おと》。②人《ひと》の態《たい》度《ど》や姿《すがた》が勇《いさ》ましく、引《ひ》きしまっているようす。使《つか》い方《かた》 大《おお》勢《ぜい》の前《まえ》で、りんとした声《こえ》で話《はな》す。

使《つか》ってみよう

山《やま》小《ご》屋《や》の外《そと》に出《で》て、りんとした朝《あさ》の冷《つめ》たい空《くう》気《き》を吸《す》いこむと、ねむけが一《いっ》気《き》にふき飛《と》んだ。

似《に》た意《い》味《み》のオノマトペ

体《からだ》にしみるほど寒《さむ》いときは……

しん

意《い》味《み》

寒《さむ》さが体《からだ》のおくの方《ほう》まで深《ふか》くしみ通《とお》るようす。

使《つか》ってみよう

日《ひ》が暮《く》れるまで、友《とも》だちと公《こう》園《えん》のベンチに座《すわ》っていたら、冬《ふゆ》の寒《さむ》さがしんと体《からだ》にしみてきた。

きーん

意《い》味《み》

冷《ひ》えすぎと思《おも》えるくらいにじゅうぶんに冷《ひ》えたようす。寒《さむ》さで空《くう》気《き》がはりつめているように感《かん》じられるようす。

【別《べつ》の意《い》味《み》】金《きん》属《ぞく》などのかたいものが当《あ》たったときのような、するどくてかん高《だか》い音《おと》。使《つか》い方《かた》 歯《し》科《か》医《い》院《いん》に入《はい》ると、歯《は》をけずるきーんという音《おと》が聞《き》こえてきた。

使《つか》ってみよう

今日《きょう》みたいな暑《あつ》い日《ひ》は、早《はや》く家《いえ》に帰《かえ》ってきーんと冷《ひ》えた麦《むぎ》茶《ちゃ》が飲《の》みたい。

似《に》た意《い》味《み》のオノマトペ

もっともっと
冷《ひ》えているときは……

ぎんぎん

意《い》味《み》

空《くう》間《かん》やものが、必《ひつ》要《よう》以《い》上《じょう》に冷《ひ》えているようす。

【別《べつ》の意《い》味《み》】とても目《め》立《だ》つほどはでで、きらびやかなようす。

使《つか》い方《かた》 ぎんぎんにかがやく太《たい》陽《よう》。

使《つか》ってみよう

ぎんぎんに冷《ひ》えた映《えい》画《が》館《かん》で、ものすごくこわいと評《ひょう》判《ばん》のホラー映《えい》画《が》を観《み》た。

さらさら

意《い》味《み》

小川《おがわ》の浅《あさ》い水《みず》や、細《こま》かい砂《すな》などが、とどまることなく静《しず》かに流《なが》れたり、こぼれたりする音《おと》。また、そのときのようす。

【別《べつ》の意味《いみ》】しめり気《け》やねばり気《け》がなく、ほどよくかわいているようす。

使《つか》い方《かた》 姉《あね》のかみの毛《け》は、長《なが》くてさらさらしている。

ここにあるよ！

『おじいさんは、さっそくざるをかかえて、さくらの木《き》に上《あ》がって、「金《きん》のさくら、さらさら。銀《ぎん》のさくら、さらさら」といいながら、灰《はい》をつかんでふりまきますと、みるみる花《はな》が咲《さ》き出《だ》して、やがていちめん、さくらの花《はな》ざかりになりました。』

「花咲《はなさ》かじじい」楠山正雄《くすやままさお》

似《に》た意味《いみ》のオノマトペ

水《みず》の量《りょう》がもっと多《おお》いなら……

とうとう

意《い》味《み》

多量《たりょう》の水《みず》が勢《いきお》いよく流《なが》れるようす。また、その水《みず》がぶつかる音《おと》。川《かわ》や湖《みずうみ》の水《みず》が、いっぱいに満《み》たされているようす。

使《つか》ってみよう

とうとうと流《なが》れる大《おお》きな川《かわ》を、ゴムボートで一気《いっき》に下《くだ》った。乗《の》る前《まえ》にこわがっていた父《ちち》が一番楽《いちばんたの》しそうだった。

じんわり

意《い》味《み》

あせやなみだなどの水分《すいぶん》が、ゆっくりと少《すこ》しずつ、しみ出《だ》してくるようす。

【別《べつ》の意味《いみ》】ものごとが、時間《じかん》をかけて少《すこ》しずつ進《すす》んでいくようす。

使《つか》い方《かた》 試合《しあい》に勝《か》ったうれしさが、じんわりとこみあげてきた。

使《つか》ってみよう

庭《にわ》の草《くさ》むしりを始《はじ》めたら、二《に》、三分《さんぷん》やっただけでじんわりとあせが出《で》てきた。

似《に》た意《い》味《み》のオノマトペ

水分《すいぶん》がしみ出《だ》し続《つづ》けているときは……

じわじわ

意《い》味《み》

あせやなみだなどが、時間《じかん》をかけて少《すこ》しずつしみ出《だ》し、さらに広《ひろ》がっていくようす。

【別《べつ》の意《い》味《み》】ものごとがゆっくりと、確実《かくじつ》にすすんでゆくさま。

使《つか》い方《かた》 敵《てき》がじわじわとせまってくる。

使《つか》ってみよう

子《こ》ウシが生《う》まれるようすをテレビで見《み》ていたら、感動《かんどう》でなみだがじわじわ出《で》てきて、止《と》まらなくなった。

ずっぷり

意《い》味《み》

水《みず》やお湯《ゆ》の中《なか》に、体《からだ》やもの全体《ぜんたい》が完全《かんぜん》にしずみこむようす。雨《あめ》などによって、全身《ぜんしん》がぬれるようす。

使《つか》ってみよう

あたたかいお風呂《ふろ》にかたまでずっぷりつかっていると、とても気《き》持《も》ちがよくて、今日《きょう》あったいやなことも全部《ぜんぶ》忘《わす》れられる。

似《に》た意味《いみ》のオノマトペ

水分《すいぶん》の重《おも》みを感《かん》じるときは……

ぐっしょり

意《い》味《み》

服《ふく》などが全体的《ぜんたいてき》に多量《たりょう》の水分《すいぶん》をふくんで、重《おも》くぬれているようす。不快《ふかい》さがあらわれる。

ここにあるよ！

『「そういえば、牛車《ぎゅうしゃ》も牛《うし》も、和太郎《わたろう》さんの着物《きもの》も、ぐっしょりぬれているが、こりゃ夜露《よつゆ》にしてはひどすぎるようだ。」と、だれかがいいました。』

「和太郎《わたろう》さんと牛《うし》」新美南吉《にいみなんきち》

とぷんとぷん

意《い》味《み》

入《い》れ物《もの》の中《なか》の液《えき》体《たい》がゆれて立《た》てる軽《かる》い音《おと》。また、そのときのようす。

こうしてできた！

「とぷ」は、液《えき》体《たい》のようすをあらわすオノマトペで、容《よう》器《き》の中《なか》の水《みず》がゆれるようすや水《みず》に何《なに》かが落《お》ちるようす、また、そのときの音《おと》をあらわす。「ん」は、それが終《お》わっても、雰囲《ふんい》気《き》や味《あじ》わいなどが残《のこ》ることを示《しめ》している。似《に》た意《い》味《み》のオノマトペに「どぶん」があり、「とぷん」よりも液《えき》体《たい》の動《うご》きに勢《いきお》いがある場《ば》合《あい》や、より重《おも》いものが落《お》ちる場《ば》合《あい》に使《つか》われる。

どぶん
とぷん

似《に》た意《い》味《み》のオノマトペ

もっと量《りょう》が多《おお》いなら……

たぷんたぷん

意《い》味《み》

入《い》れ物《もの》の中《なか》にあふれそうなほど豊《ほう》富《ふ》に入《はい》っている液《えき》体《たい》が、ゆれ動《うご》いたり波《なみ》打《う》ったりする音《おと》。また、そのときのようす。

9 使《つか》ってみよう

おかわり、いかが？
もう、
おなかが
たぷんたぷんだよ……。

めらめら

意《い》味《み》

ほのおをあげて、勢《いきお》いよくゆれるように燃《も》えるようす。簡《かん》単《たん》に勢《いきお》いよく燃《も》え広《ひろ》がるようす。

ここにあるよ！

『「この皮《かわ》は、唐土《もろこし》にもなかりけるを、からうじて求《もと》め尋《たづ》ね得《え》たるなり。なにの疑《うたが》ひあらむ。」「さは申《もう》すとも、はや焼《や》きて見《み》たまへ」といへば、火《ひ》の中《なか》にうちくべて焼《や》かせ給《たも》ふに、めらめらと焼《や》けぬ。』

「竹《たけ》取《とり》物《もの》語《がたり》」

（「この皮《かわ》は、唐土《もろこし》※にもなかったのを、やっとのことでさがし求《もと》めて手《て》にいれたものです。なんの疑《うたが》いがありましょう」「そうは言《い》っても、早《はや》く焼《や》いてみてください」と言《い》うので、火《ひ》の中《なか》にくべてお焼《や》かせになると、めらめらと焼《や》けた。）

※唐土《もろこし》…古《ふる》い言《こと》葉《ば》で、中《ちゅう》国《ごく》をさす呼《よ》び方《かた》。

似《に》た意《い》味《み》のオノマトペ

もっと勢《いきお》いよく燃《も》えるのは……

ぼーっ（ぼうっ）

意《い》味《み》

ほのおが急《きゅう》に勢《いきお》いよく燃《も》えあがるようす。また、その音《おと》。

使《つか》ってみよう

サンマがなかなか焼《や》けないので炭《すみ》火《び》をうちわであおいだら、急《きゅう》にぼーっとほのおがあがった。

じゃりじゃり

意《い》味《み》

小《こ》石《いし》や砂《すな》などがふれあってこすれる音《おと》や、砂《すな》などをかんだときの音《おと》。また、そのときのようす。不快《ふかい》さをあらわす場合《ばあい》もある。

使《つか》ってみよう

すいか割《わ》りはとても楽《たの》しかったけれど、そのあとに食《た》べたすいかは、砂《すな》でじゃりじゃりしていた。

似《に》た意《い》味《み》のオノマトペ

音《おと》が小《ちい》さくて軽《かる》いときは……

しゃりしゃり

意《い》味《み》

細《こま》かい砂《すな》や氷《こおり》などがこすれあうときや、雪《ゆき》などをふんだときのかすかな音《おと》。また、そのときのようす。冷《つめ》たさや、さわやかさもあらわす。

使《つか》ってみよう

歩《ほ》道《どう》に残《のこ》った雪《ゆき》の上《うえ》を歩《ある》いたら、しゃりしゃりと音《おと》がした。「かき氷《ごおり》みたいだなあ」と思《おも》った。

こんもり

意《い》味《み》

土《つち》などが、丸《まる》みをもってひとかたまりに盛《も》りあがっているようす。草木《くさき》が生《お》いしげって、丸《まる》く盛《も》りあがっているようす。

ここにあるよ！

『その季節《きせつ》が過《す》ぎると、山《やま》には、こんもりとした緑《みどり》の葉《は》がしげって、暖《あたた》かな心地《ここち》よい風《かぜ》が岡《おか》にもふもとにも吹《ふ》き渡《わた》りました。』

「ふるさとの林《はやし》の歌《うた》」小川《おがわ》未明《みめい》

似《に》た意味《いみ》のオノマトペ

一部分《いちぶぶん》だけ盛《も》りあがっているときは……

ぽっこり

意《い》味《み》

土《つち》や体《からだ》などの一部《いちぶ》がつき出《で》たり、盛《も》りあがったりしているようす。

使《つか》ってみよう

遠《とお》くに、丸《まる》い山《やま》がぽっこり見《み》えた。まるで、水田《みずた》君《くん》の頭《あたま》みたいだった。

ふにゃり

意《い》味《み》

さわった感《かん》じがやわらかくて、はりがなく、簡《かん》単《たん》に曲《ま》がったりへこんだりして元《もと》にもどらないようす。

使《つか》ってみよう

用《よう》具《ぐ》室《しつ》にあったボールはどれも空《くう》気《き》がぬけていて、おすとふにゃりとへこんだ。ためしにそれでサッカーをやったら、意《い》外《がい》とおもしろかった。

似《に》た意《い》味《み》のオノマトペ

まったく手《て》ごたえがないときは……

ぐにゃり

意《い》味《み》

まったくはりがなく、簡《かん》単《たん》に曲《ま》がったり形《かたち》が変《か》わったりして元《もと》にもどらないようす。完《かん》全《ぜん》に力《ちから》がぬけて、たよりないようす。

使《つか》ってみよう

お姉《ねえ》ちゃんが目《め》の前《まえ》でスプーンをぐにゃりと曲《ま》げたので、ぼくはびっくりしてしまった。

ぷよぷよ

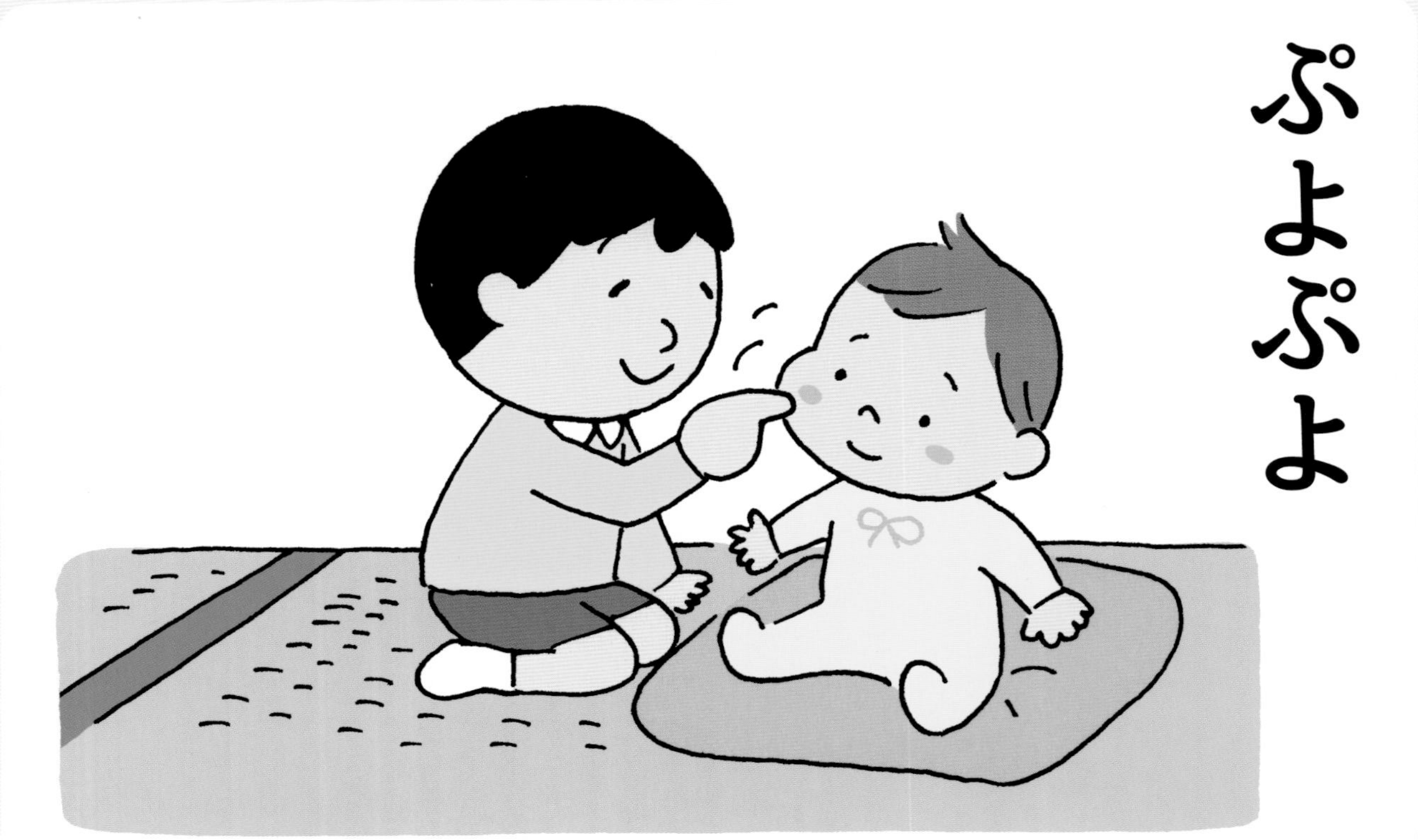

意《い》味《み》

見《み》た目《め》やさわった感《かん》じがやわらかく、おすと少《すこ》し弾力《だん りょく》があるようす。また、それが細《こま》かくゆれ動《うご》くようす。かわいらしさがあらわれる。

使《つか》ってみよう

アマガエルの卵《たまご》って、ぷよぷよしていてかわいいね。

か、かわいい!?

似《に》た意味《いみ》のオノマトペ

ゆれるようすを
強調《きょうちょう》したいときは……

ぷるぷる

意《い》味《み》

弾力《だん りょく》があってやわらかいものが、細《こま》かくふるえるようにゆれ動《うご》くようす。

使《つか》ってみよう

ガラスのお皿《さら》にのせられたふたつのゼリーは、ぷるぷるしていて、とてもおいしそうだ。いちご味《あじ》とぶどう味《あじ》、どちらから食《た》べようかまよってしまう。

しこしこ

意《い》味《み》

食《た》べ物《もの》をかんだときに、ほどよくかたい弾力《だんりょく》や歯《は》ごたえがあるようす。

ここにあるよ！

『五郎《ごろう》はしばらく返事《へんじ》をしなかった。チャンポンの具《ぐ》のイカの脚《あし》をつまんで食《た》べていた。イカは新鮮《しんせん》で、しこしこしてうまかった。』

「幻化《げんか》」梅崎春生《うめざきはるお》

似《に》た意味《いみ》のオノマトペ

もっとかたいときは……

こりこり

意《い》味《み》

歯《は》ごたえがあったり、弾力《だんりょく》があったりするかたい小《ちい》さな食《た》べ物《もの》を、歯切《はぎ》れよくかむ音《おと》。また、そのときのようす。

使《つか》ってみよう

ぼくは、くるみの実《み》を前歯《まえば》でこりこりとかじるのが好《す》きなので、よく「リスみたい」と言《い》われる。

かちんこちん

意味《いみ》

ものが、とてもかたくなっているようす。緊張《きんちょう》して、体《からだ》がかたくなるようす。

こうしてできた！

「かち」と「こち」を組《く》みあわせてできたオノマトペ。どちらも、とてもかたいようすや、かたいものがぶつかったときの音《おと》をあらわし、同《おな》じ要素《ようそ》をもつオノマトペに、「かちかちり」「こちこち」「こちっ」などがある。

また、同《おな》じような意味《いみ》のオノマトペに「がち」「ごち」があり、「かち」「こち」よりもかたい場《ば》合《あい》や、ぶつかったときの激《はげ》しさが大《おお》きい場《ば》合《あい》に使《つか》われる。

似《に》た意《い》味《み》のオノマトペ

どうにもならないほど
かたい！

がちがち

意《い》味《み》

これ以《い》上《じょう》ないほどひどくかたまっているようす。とても緊《きん》張《ちょう》して、体《からだ》がかたくこわばるようす。大《おお》げさな感《かん》じをあらわす。

使《つか》ってみよう

鏡《かがみ》もちはがちがちにかたくなっていて、なかなか割《わ》れなかった。しまいには、お父《とう》さんが金《かな》づちやら、のこぎりやらを出《だ》してきて、ようやく割《わ》れた。

ごりごり

意《い》味《み》

厚《あつ》みや重《おも》みのあるかたいものを、強《つよ》く力《ちから》をこめてこすったり、ふみつけたり、かんだりする音《おと》。また、そのときのようす。厚《あつ》みのある布《ぬの》などが、つっぱったようにかたくなっているようす。

使《つか》ってみよう

たまに、夜《よる》の暗《くら》い台所《だいどころ》で、お父《とう》さんがなべをごりごりこすってこげを落《お》としていることがある。これをすると、なぜかお父《とう》さんはすっきりとした表情《ひょうじょう》になるのだった。

似《に》た意味《いみ》のオノマトペ

うすくて、かたい！

ばりばり

意《い》味《み》

かたくてうすいものがくだけたり、はがれたり、こわされたりする音《おと》。また、そのときのようす。紙《かみ》や布《ぬの》の表面《ひょうめん》が、つっぱったようにかたくなっているようす。

ここにあるよ！

『その中《うち》湯《ゆ》が沸《わい》騰て来《き》たから例《れい》の通《とお》り氷《こおり》のように冷《ひえ》た飯《めし》へ白《さ》湯《ゆ》を注《か》けて沢庵《たくあん》をバリバリ、待《ま》ち兼《かね》た風《ふう》に食《く》い初《はじ》めた。』

「竹《たけ》の木戸《きど》」国木田独歩《くにきだどっぽ》

うようよ

意《い》味《み》

同《おな》じような生《い》き物《もの》がたくさん群《むら》がって、細《こま》かく動《うご》いているようす。不快《ふかい》さや不気味《ぶきみ》さがあらわれる。

使《つか》ってみよう

庭《にわ》にいた弟《おとうと》がうれしそうに呼《よ》ぶので、行《い》ってみると、そこにはダンゴムシがうようよしていた。

似《に》た意《い》味《み》のオノマトペ

みんなで移動《いどう》します

ぞろぞろ

意《い》味《み》

たくさんの生《い》き物《もの》が、連《つ》れ立《だ》って次《つぎ》から次《つぎ》へと現《あらわ》れたり、並《なら》んで移《い》動《どう》したりするようす。

使《つか》ってみよう

パンダの赤《あか》ちゃんを見《み》に来《き》た大勢《おおぜい》の人《ひと》が、開《かい》園《えん》と同《どう》時《じ》にぞろぞろと動《どう》物《ぶつ》園《えん》に入《はい》って行《い》った。

ぎっしり

意《い》味《み》

ものや人《ひと》が、入《い》れ物《もの》や場所《ばしょ》に強《つよ》くおしこまれたように、すきまなくいっぱいにつまっているようす。

ここにあるよ！

『ブドリが次《つぎ》の日《ひ》、家《いえ》のなかやまわりを片付《かたづ》けはじめましたらてぐす飼《が》いの男《おとこ》がいつもすわっていた所《ところ》から古《ふる》いボール紙《がみ》の箱《はこ》を見《み》つけました。中《なか》には十冊《じっさつ》ばかりの本《ほん》がぎっしりはいっておりました。』

「グスコーブドリの伝記《でんき》」宮沢賢治《みやざわけんじ》

似《に》た意味《いみ》のオノマトペ

無理《むり》やりつめこみます……

ぎゅうぎゅう

意《い》味《み》

これ以上《いじょう》入《はい》らないというくらい、いっぱいにつまっているところに、無理《むり》におしこむようす。

使《つか》ってみよう

長《なが》いこと待《ま》って、やっとのぼりのエレベーターが来《き》たと思《おも》ったら、中《なか》は人《ひと》がぎゅうぎゅうで、ぼくは乗《の》るのをあきらめた。

たんまり

意《い》味《み》

お金《かね》やものが、じゅうぶん満足《まんぞく》できるほどたくさんあるようす。

使《つか》ってみよう

ええっ！　そのゲーム、自分《じぶん》のおこづかいで買《か》ったの!?

お正月《しょうがつ》に親戚《しんせき》が集《あつ》まったから、お年玉《としだま》をたんまりもらえたんだ。

似《に》た意味《いみ》のオノマトペ

一度《いちど》にたくさん
もうかったときは……

がっぽり

意《い》味《み》

お金《かね》などが、一度《いちど》にたくさん手《て》に入《はい》ったり、反対《はんたい》になくなったりするようす。

使《つか》ってみよう

お母《かあ》さんの夢《ゆめ》は、便利《べんり》グッズを発《はつ》明《めい》して、それを売《う》り出《だ》し、がっぽりもうけることだ。そのために、毎日《まいにち》へんてこな道具《どうぐ》を考《かんが》えては、家族《かぞく》みんなに説明《せつめい》してくる。

どしどし

意《い》味《み》

同《おな》じことを、次《つぎ》から次《つぎ》へ間《あいだ》をあけずに続《つづ》けて行《おこな》うようす。えんりょなくものごとを行《おこな》うようす。

【別《べつ》の意味《いみ》】何度《なんど》も強《つよ》くふみつけたり、たたいたりする音《おと》。また、そのようす。

使《つか》い方《かた》 どしどしと足音《あしおと》を立《た》てて階段《かいだん》をあがる。

ここにあるよ！

『たけは私《わたし》の教育《きょういく》に夢中《むちゅう》であった。私《わたし》は病身《びょうしん》だったので、寝《ね》ながらたくさん本《ほん》を読《よ》んだ。読《よ》む本《ほん》がなくなればたけは村《むら》の日曜学校《にちようがっこう》などから子供《こども》の本《ほん》をどしどし借《か》りて来《き》て私《わたし》に読《よ》ませた。』

「思《おも》ひ出《で》」太宰治《だざいおさむ》

似《に》た意味《いみ》のオノマトペ

一度《いちど》にたくさん集《あつ》まるときは……

どかっ

意《い》味《み》

ものが、一度《いちど》に大量《たいりょう》に集《あつ》まってあらわれるようす。

【別《べつ》の意味《いみ》】重《おも》いものが、勢《いきお》いよく落《お》ちてくる音《おと》。

使《つか》い方《かた》 大《おお》きなかばんをどかっと置《お》いた。

使《つか》ってみよう

夕《ゆう》べのうちに、雪《ゆき》がどかっと降《ふ》ったようだ。

くらべてみると②

より気《き》持《も》ち悪《わる》いのは、どっち??

うじゃうじゃ
うじゃうじゃ
うじゃうじゃ
うじゃうじゃ
うじゃうじゃ
うじゃうじゃ
うじゃうじゃ

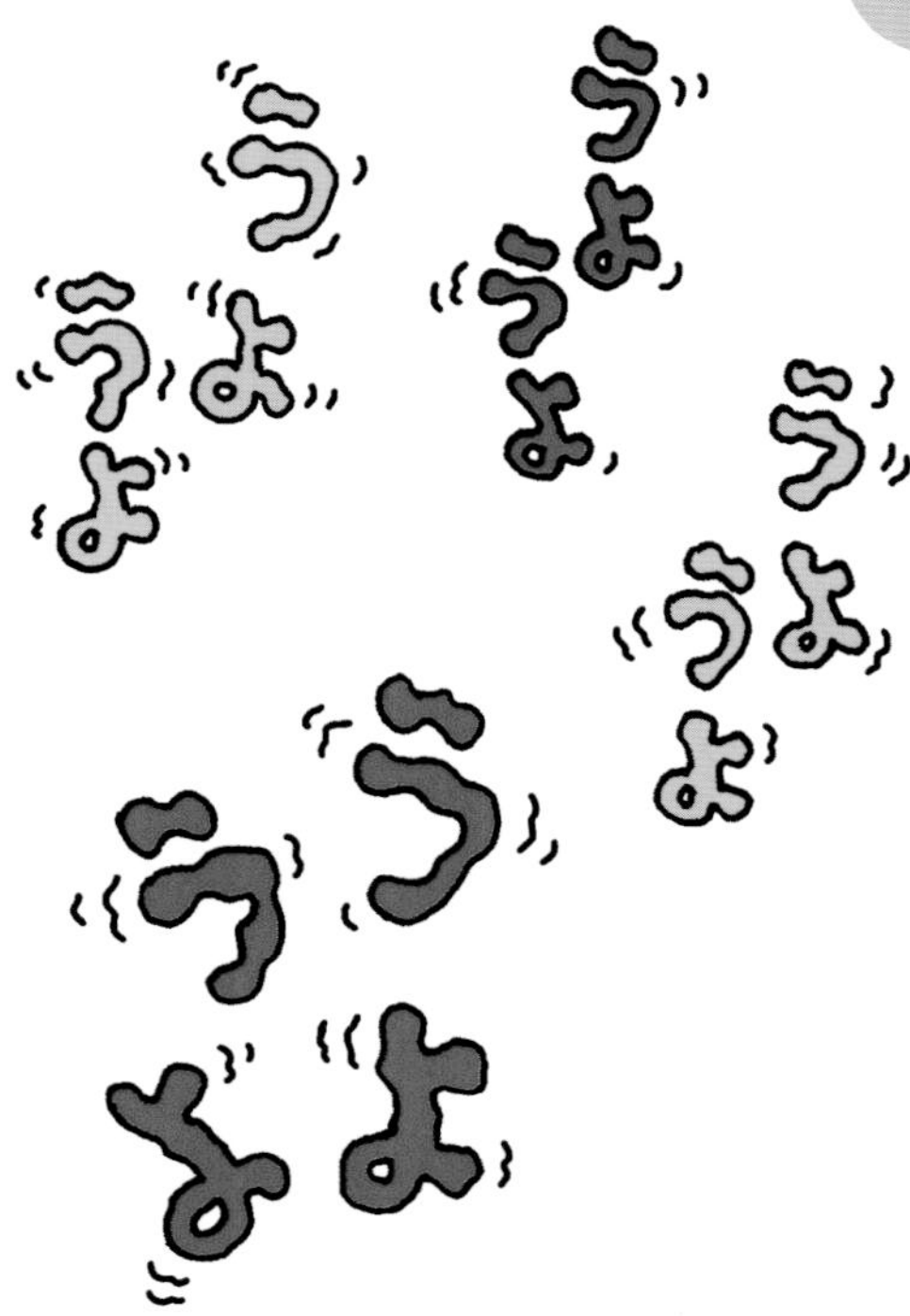

うようよ
うようよ
うようよ
うようよ

友《とも》だちから「池《いけ》にオタマジャクシが**うじゃうじゃ**いるから、見《み》に行《い》こうよ」とさそわれたら、あなたはどうしますか？　ちょっと気《き》持《も》ち悪《わる》いな、と感《かん》じて、行《い》くのをためらう人《ひと》もいるのではないでしょうか。「**うじゃうじゃ**」は、「**うようよ**（30ページ）」と同《おな》じく、たくさんのものが集《あつ》まって細《こま》かく動《うご》いているようすをあらわすオノマトペですが、どちらの言《こと》葉《ば》からも「気《き》持《も》ち悪《わる》さ」が感《かん》じられます。では「**うじゃうじゃ**」と「**うようよ**」では、どちらがより気《き》持《も》ち悪《わる》いのでしょうか？

「**うじゃうじゃ**」は、「公《こう》園《えん》には、お花《はな》見《み》の客《きゃく》が**うじゃうじゃ**いた」などと使《つか》う場《ば》合《あい》、客《きゃく》の「数《かず》の多《おお》さ」にうんざりする感《かん》覚《かく》が強《つよ》くあらわれます。また、この言《こと》葉《ば》は、「**うじゃうじゃ**と文《もん》句《く》ばかり言《い》っていても始《はじ》まらない」というふうに、話《はなし》などがいつまでも長《なが》たらしく続《つづ》くようすについても使《つか》うことができます。つまり、「**うじゃうじゃ**」は、数《かず》や時《じ》間《かん》などの「量《りょう》」の多《おお》さに注《ちゅう》目《もく》した言《こと》葉《ば》であると言《い》えます。

それに対《たい》して「**うようよ**」は、「動《うご》き」に注《ちゅう》目《もく》した言《こと》葉《ば》です。「顕《けん》微《び》鏡《きょう》をのぞくと、小《ち》さな生《せい》物《ぶつ》が**うようよ**していた」「毛《け》虫《むし》が**うようよ**とはっていた」などの表《ひょう》現《げん》からは、生《い》き物《もの》が、さまざまな方《ほう》向《こう》にゆれながら動《うご》くようすが強《つよ》くイメージされ、不《ぶ》気《き》味《み》さがあります。また、ぬめりのような感《かん》覚《かく》もあります。

このように考《かんが》えてみると、**量《りょう》の多《おお》さにうんざりする「うじゃうじゃ」よりも、細《こま》かくゆれ動《うご》くようすが不《ぶ》気《き》味《み》な「うようよ」の方《ほう》が、より気《き》持《も》ちが悪《わる》い**と言《い》えるでしょう。

ちょぼちょぼ

意《い》味《み》

量《りょう》やていどが少《すく》ないようす。少《すく》ないものがあちこちに散《ち》らばっているようす。少《すく》ない水《みず》が流《なが》れる音《おと》。また、そのときのようす。

使《つか》ってみよう

雨《あめ》の日《ひ》に遊園地《ゆうえんち》に行《い》った。いつもはとても混《こ》んでいるのに、雨《あめ》のせいか、お客《きゃく》さんはちょぼちょぼしかいなかった。

似《に》た意味《いみ》のオノマトペ

もっと少《すく》ないときは……

ちょろり

意《い》味《み》

量《りょう》やていどがとても少《すく》ないようす。水《みず》などが、一《いち》度《ど》だけほんの少《すこ》し流《なが》れ出《で》るようす。

【別《べつ》の意味《いみ》】ちょっとした動《うご》きを、すばやく行《おこな》うようす。

使《つか》い方《かた》 ネズミがかべの穴《あな》からちょろりと顔《かお》を出《だ》した。

使《つか》ってみよう

おじいちゃんは、いつも納《なっ》豆《とう》にお酢《す》をちょろりとたらして食《た》べる。

ちびちび

意《い》味《み》

なくなるのがいやだと思《おも》いながら、ほんの少《すこ》しずつお金《かね》を出《だ》したり、ものを食《た》べたり使《つか》ったりするようす。

使《つか》ってみよう

わたしは、いちごの香《かお》りがする消《け》しゴムをとても気《き》にいっているので、ちびちび使《つか》うことに決《き》めている。

似《に》た意味《いみ》のオノマトペ

ばかにした気分《きぶん》を
あらわすときは……

けちけち

意《い》味《み》

見《み》ている人《ひと》がつまらない気《き》分《ぶん》になるくらい、ほんの少《すこ》しのお金《かね》やもの、働《はたら》く力《ちから》などをもったいないと思《おも》い、使《つか》うのをいやがるようす。

ここにあるよ！

『外国《がいこく》では、バタ※をつかうこと日本《にほん》の醤油《しょうゆ》の如《ごと》くです。バタをけちけちしてる食卓《しょくたく》はあまり好《す》きません。』

「朝御飯《あさごはん》」林芙美子《はやしふみこ》

※バタ…バター。

ひゅっ

意《い》味《み》

瞬《しゅん》間《かん》的《てき》に、風《かぜ》を切《き》ってすばやく飛《と》んだり、勢《いきお》いよく飛《と》び出《だ》したりする音《おと》。また、そのときのようす。

使《つか》ってみよう

男《おとこ》の人《ひと》がフリスビーをひゅっと投《な》げると、イヌはそれを追《お》いかけて、うれしそうに走《はし》り出《だ》した。しかし、もどってきたイヌは、なぜか長《なが》ぐつをくわえていた。

似《に》た意《い》味《み》のオノマトペ

よりスピード感《かん》があるのは……

びゅん

意《い》味《み》

高《こう》速《そく》で飛《と》び去《さ》ったり走《はし》り去《さ》ったりするときの、激《はげ》しく風《かぜ》を切《き》る一《いっ》瞬《しゅん》の音《おと》。また、そのときのようす。

使《つか》ってみよう

近《きん》所《じょ》に住《す》むおじさんが、かっこいいバイクに乗《の》って、ぼくたちの前《まえ》をびゅんと通《とお》りすぎて行《い》った。

ちゃっ

意《い》味《み》

動作《どうさ》がとてもすばやいようす。ほんの少《すこ》しの動《うご》きでものごとをすませるようす。

使《つか》ってみよう

手紙《てがみ》ありがとう！　せっかくだから、今《いま》ちゃっと読《よ》んじゃうね！
い、いや。それは、ちょっと……。

似《に》た意《い》味《み》のオノマトペ

手《て》際《ぎわ》のよさをあらわすなら……

ぱぱっ

意《い》味《み》

ものごとのやり方《かた》や進《すす》め方《かた》がうまくて、すばやいようす。

使《つか》ってみよう

兄《あに》は料《りょう》理《り》が得《とく》意《い》で、何《なん》でもぱぱっと作《つく》ってくれる。でも、後《あと》片《かた》づけは苦《にが》手《て》だ。

うろちょろ

意《い》味《み》

まわりから迷惑《めいわく》がられるくらい、あちらこちらをおちつきなく、すばやく動《うご》き回《まわ》るようす。

使《つか》ってみよう

妹《いもうと》が、宿題《しゅくだい》をするわたしのまわりをうろちょろしている。どうやら、いっしょに遊《あそ》びたいらしい。

似《に》た意味《いみ》のオノマトペ

見《み》つかりたくない……

こそこそ

意《い》味《み》

かくしごとや、悪《わる》いと思《おも》うことなどがあるために、人目《ひとめ》につかないようにすばやく何《なに》かをするようす。

ここにあるよ！

『皆《み》なは、「そうだ。皆《み》んな別々《べつべつ》に隠《かく》れよう。」といって各自《かくじ》はこそこそと森《もり》の中《なか》の、藪《やぶ》の中《なか》に、それぞれ隠《かく》れてしまった。』

「過《す》ぎた春《はる》の記憶《きおく》」小川未明《おがわみめい》

のろのろ

意《い》味《み》

動作《どうさ》やものごとの進《すす》み方《かた》がにぶく、とてもおそいようす。

使《つか》ってみよう

休《やす》み時《じ》間《かん》はあっというまに終《お》わるのに、苦手《にがて》な算数《さんすう》の時《じ》間《かん》はなかなか終《お》わらない。時《と》計《けい》の針《はり》がのろのろ進《すす》んでいるような気《き》がする。

似《に》た意味《いみ》のオノマトペ

動《うご》きに重《おも》さがあるのは……

のそりのそり

意《い》味《み》

体《からだ》を重《おも》たそうにして、少《すこ》しずつ時間《じかん》をかけてゆっくり歩《ある》くようす。にぶい動《うご》きで、とてもゆっくり行動《こうどう》するようす。

使《つか》ってみよう

風邪《かぜ》で寝《ね》ていた姉《あね》が、のそりのそりと台所《だいどころ》にやって来《き》て、プリンを３個《こ》も食《た》べた。

のんびり

意《い》味《み》

心配《しんぱい》や不安《ふあん》が何《なに》もなく、心《こころ》も体《からだ》も楽《らく》にして、くつろいだようす。時間《じかん》やまわりのようすを気《き》にせず、すぐには行動《こうどう》を起《お》こさないようす。

使《つか》ってみよう

そんなにあせらず、のんびりやろうぜ。

お前《まえ》はのんびりしすぎ！ しめ切《き》りは、明日《あした》なんだぞ!!

似《に》た意味《いみ》のオノマトペ

もっとよゆうがあるときは……

ゆったり

意《い》味《み》

時間《じかん》やものごとの進《すす》み方《かた》、動《どう》作《さ》などにじゅうぶんなよゆうがあるようす。安心感《あんしんかん》や心地《ここち》よさがあらわれる。

【別《べつ》の意味《いみ》】服《ふく》などの大《おお》きさにゆとりがあり、きつくないようす。

使《つか》い方《かた》　ゆったりしたセーターを着《き》る。

使《つか》ってみよう

校長先生《こうちょうせんせい》のゆったりした話《はな》し方《かた》は、優《やさ》しい感《かん》じがしていいのだけれど、ときどきねむたくなってしまう。

のこのこ

意味

何《なに》も気《き》にすることなく、時間《じかん》をかけて歩《ある》くようす。まわりのようすを気《き》にせずに、姿《すがた》をあらわすようす。

ここにあるよ！

『なるほど小金井《こがねい》は桜《さくら》の名所《めいしょ》、それで夏《なつ》の盛《さか》りにその堤《どて》をのこのこ歩《ある》くもよそ目《め》には愚《おろ》かにみえるだろう、しかしそれはまだ今《いま》の武蔵野《むさしの》の夏《なつ》の日《ひ》の光《ひかり》を知《し》らぬ人《ひと》の話《はなし》である。』

「武蔵野《むさしの》」国木田独歩《くにきだどっぽ》

似《に》た意味《いみ》のオノマトペ

動《うご》きがとてもにぶいときは……

のたのた

意《い》味《み》

いらだたしいほどたよりない感《かん》じで、おそく動《うご》くようす。体《からだ》を重《おも》そうにして、にぶい動作《どうさ》で動《うご》き回《まわ》るようす。

使《つか》ってみよう

歯医者《はいしゃ》さんに行《い》く時間《じかん》が近《ちか》づき、兄《あに》はのたのたと出《で》かける準備《じゅんび》を始《はじ》めた。

くらべてみると③

のんびり　ゆったり

よりくつろいでいるのは、どっち??

雑誌《ざっし》の記事《きじ》に、こんな一文《いちぶん》がありました。「南《みなみ》の島《しま》で**のんびり**過《す》ごす夏休《なつやす》み」――想像《そうぞう》するだけで、心《こころ》も体《からだ》も力《ちから》がぬけて、くつろいだ気《き》持《も》ちになりますね。そして、これは、「南《みなみ》の島《しま》で**ゆったり**過《す》ごす夏《なつ》休《やす》み」と言《い》いかえることもできます。それでは、「**のんびり**」と「**ゆったり**」（どちらも41ページ）とでは、どちらがよりくつろいだ気《き》持《も》ちになれるでしょうか？

「**のんびり**」は、手足《てあし》をのばす「のびのび」ともつながりがあり、何《なに》も気《き》にせず心《こころ》も体《からだ》も楽《らく》にするようすをあらわす言葉《ことば》ですが、まわりのようすを気《き》にせずに、行動《こうどう》がおそかったり、するべきことをしなかったりする場合《ばあい》にも使《つか》われます。「あの子《こ》はいつも**のんびり**している」「**のんびり**した性格《せいかく》」などと言《い》うときは、その表現《ひょうげん》に、少《すこ》しだけ「いらだつ気《き》持《も》ち」がこもっているように感《かん》じられます。

では、「**ゆったり**」はどうでしょう。こちらは、ものごとにじゅうぶんなよゆうがあって、おちついているようすをあらわします。「**ゆったり**した話《はな》し方《かた》」などと使《つか》っても、いらだつようなマイナスの気《き》持《も》ちはなく、むしろ安心感《あんしんかん》や心地《ここち》よさがあらわれます。また、「**ゆったり**したセーターを着《き》る」「特別席《とくべつせき》はシートが**ゆったり**している」といった表現《ひょうげん》からも、心地《ここち》のよいゆとり、よゆうを感《かん》じます。

「何《なに》も気《き》にしない」ことでくつろいだ気《き》持《も》ちになる「のんびり」と、「よゆうがあり、おちついている」ことでくつろいだ気《き》持《も》ちになる「ゆったり」とでは、マイナスの要素《ようそ》が何《なに》もなく、すっかり安心《あんしん》できる分《ぶん》、「ゆったり」の方《ほう》がよりくつろいでいると言《い》ってよいのではないでしょうか。

もっと知《し》りたい！

消《き》えた⁉ 昔《むかし》のオノマトペ

日本語《にほんご》のオノマトペの歴史《れきし》はとても古《ふる》く、今《いま》から一三〇〇年《せんさんびゃくねん》以上前《いじょうまえ》に書《か》かれたとされる書物《しょもつ》「古事記《こじき》」にも、オノマトペが登場《とうじょう》します。そんな長《なが》い歴史《れきし》をもつオノマトペの中《なか》には、今《いま》では使《つか》われなくなったものもたくさんあります。いくつか紹介《しょうかい》しましょう。

ぜらぜら
〈意味《いみ》〉動作《どうさ》がとてもおそいようす。
しょぎしょぎ
〈意味《いみ》〉うれしくて、心《こころ》が軽《かろ》やかなようす。
こをろこをろ
〈意味《いみ》〉しお水《みず》をかきまわす音《おと》。
わっぱさっぱ
〈意味《いみ》〉大声《おおごえ》でわめき散《ち》らすようす。
【生《い》き物《もの》の鳴《な》き声《ごえ》】
べうべう
〈イヌ〉
くいくい
〈カエル〉

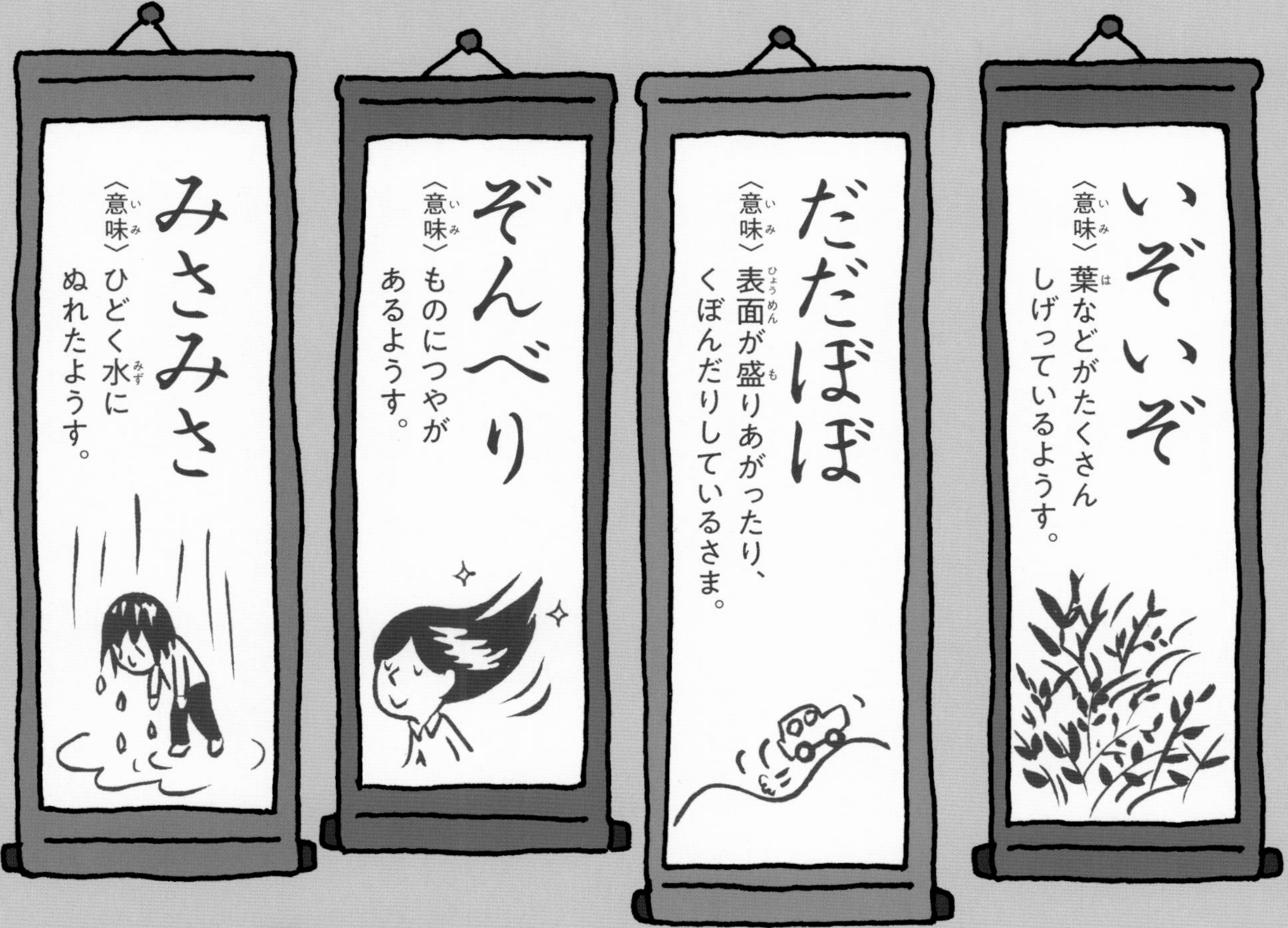
いぞいぞ
〈意味《いみ》〉葉《は》などがたくさんしげっているようす。
だだぼぼ
〈意味《いみ》〉表面《ひょうめん》が盛《も》りあがったり、くぼんだりしているさま。
ぞんべり
〈意味《いみ》〉ものにつやがあるようす。
みさみさ
〈意味《いみ》〉ひどく水《みず》にぬれたようす。

ねうねう
〈ネコ〉
こかあこかあ
〈カラス〉
すこんすこん
〈キツネ〉

こんなふうに、今《いま》では使《つか》われなくなったオノマトペがある一方《いっぽう》で、新《あたら》しく生《う》まれるオノマトペもあります。あなたが考《かんが》えたオノマトペが、百年後《ひゃくねんご》、みんなが当《あ》たり前《まえ》のように使《つか》う言葉《ことば》になっているかもしれません。

さくいん

シリーズ全《ぜん》4巻《かん》にのせているオノマトペをすべて集《あつ》めて、あいうえお順《じゅん》にならべました。本《ほん》や会話《かいわ》の中《なか》であったオノマトペの意味《いみ》を、ぜひ調《しら》べてみてください。

（凡例《はんれい》）

①…気持《きも》ちのことば
②…自然《しぜん》のことば
③…動《うご》きのことば
④…ようすのことば

1～43…ページ数《すう》

あ行

か行

さ行

た行

な行

は行

ま行

や行

ら行

わ行

監修　小野正弘

明治大学文学部教授。日本語学会理事・日本近代語研究会会長。専門は日本語の史的研究（文学・語彙・意味）。著書に『擬音語・擬態語 4500　日本語オノマトペ辞典』（小学館）『オノマトペがあるから日本語は楽しい』（平凡社）『感じる言葉　オノマトペ』（KADOKAWA/ 角川学芸出版)、『くらべてわかるオノマトペ』（東洋館出版社）ほか多数。

語《ご》感《かん》をみがこう

見《み》て・くらべて

オノマトペ!

さんさん・かんかん

自《し》然《ぜん》のことば

2020年2月25日　初版第1刷発行

監　修　　小野正弘

発行者　　中村宏平

発行所　　株式会社ほるぷ出版

〒101-0051　東京都千代田区神田神保町3-2-6

TEL：03-6261-6691　FAX：03-6261-6692

https://www.holp-pub.co.jp/

印　刷　　共同印刷株式会社

製　本　　株式会社ハッコー製本

NDC810/48P/270×210㎜/ISBN978-4-593-58839-8

Printed in Japan

編集

清水あゆこ

文

武藤久実子

イラスト

三木謙次

（p.2. 児島衣里）

本文デザイン・装丁

いけださちこ

（ひよりデザイン）

参考文献

小野正弘 編『擬音語・擬態語 4500　日本語オノマトペ辞典』（小学館）

小野正弘 著『くらべてわかるオノマトペ』（東洋館出版社）

窪薗晴夫 編『オノマトペの謎 ピカチュウからモフモフまで』（岩波書店）

山口仲美 編『擬音語・擬態語辞典』（講談社）

飛田良文・浅田秀子 著『現代擬音語擬態語用法辞典』（東京堂出版）

青空文庫　https://www.aozora.gr.jp

※「ここにあるよ！」の引用文は、掲載にあたり、旧字体は新字体に改めています。

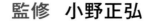